LA RUPTURE

DE

L'ALLIANCE ANGLAISE

EST-ELLE POSSIBLE ?

PARIS

Imprimerie de L. Tinterlin et Cᵉ

rue Neuve-des-Bons-Enfants, 3.

LA RUPTURE

DE

L'ALLIANCE ANGLAISE

EST-ELLE POSSIBLE?

PAR

P. DOURY

PARIS

E. DENTU, LIBRAIRE-ÉDITEUR

GALERIE D'ORLÉANS, 13, PALAIS-ROYAL

—

1860

AVIS.

—

La révolution italienne se développe avec une telle rapidité, que le début de cette brochure n'est déjà plus en rapport avec les derniers événements; le lecteur fera aisément lui-même les changements qu'ils nous auraient suggérés.

LA RUPTURE

DE

L'ALLIANCE ANGLAISE

EST-ELLE POSSIBLE?

La question italienne nous paraît réglée, du moins dans ses rapports avec la paix générale de l'Europe. Ce n'est pas, je pense, l'affaire de la Savoie, dernière phase européenne de cette question épineuse, qui peut désormais inspirer aucune inquiétude sérieuse. L'attitude des cabinets est des plus rassurantes et l'Angleterre elle-même, après avoir si longtemps harangué l'Europe, prend enfin une résolution, celle de se taire. Lord John Russell, dans un discours qui peut être considéré comme l'épitaphe de la question savoisienne, a constaté que personne, en Europe, n'avait autant parlé que lui sur les projets d'annexion du gouvernement français. C'est la pure vérité, et il faudrait être bien injuste pour lui contester cette gloire. Qu'il en jouisse donc paisiblement.

Quand nous disons que la question italienne est réglée, on comprend bien, sans doute, que nous ne prétendons pas qu'il ne puisse surgir, d'un moment à l'autre, des complications graves en Italie. Les populations des États romains pourront bien se révolter contre l'autorité du Pape; le roi de Naples, s'il parvenait à dompter la révolution qui entrave sa liberté d'action en menaçant son trône, ne refuserait pas, selon toute apparence, de porter secours au Saint-Père. Dans ce cas, le roi de Piémont ne pourrait s'empêcher de prendre parti pour les insurgés contre le roi de Naples et contre le Pape. Il ne serait pas homme à laisser s'accomplir tranquillement une réaction dont le triomphe compromettrait gravement les avantages moraux et matériels qu'il a obtenus. Il y a donc des causes nombreuses de troubles intérieurs en Italie ; mais il n'y en a plus, nous le pensons du moins, de guerre générale européenne. Ce qui faisait que les troubles de l'Italie étaient une cause perpétuelle de guerre pour l'Europe, c'est que l'Autriche, la France et l'Angleterre, jalouses de faire prévaloir leur influence particulière dans la Péninsule, prétendaient toujours se mêler de ses affaires. Depuis des siècles, ces puissances, mais principalement la France et l'Autriche, y descendaient presque périodiquement, comme dans une arène, pour s'y disputer la prépondérance. La dernière guerre met un terme à cette lutte fatale et séculaire, et c'est là, selon nous, son plus grand mérite. Elle n'a rien réglé en Italie, et ce n'était pas non plus son but. Elle n'a rien réglé, mais elle a rendu l'Italie aux Italiens. Qu'il éclate entre eux dorénavant des guerres civiles, qu'ils renversent leurs gouvernements, qu'ils en choisissent d'autres, toutes ces révolutions, si le principe de la non-intervention est fidèlement observé, ne troubleront plus la paix de l'Europe. Il en sera de l'Italie, comme de l'Espagne, dont les agitations intérieures n'ont jamais altéré la tranquillité générale. C'est une cause de moins de guerre en Europe.

Toutefois, l'esprit public semble pressentir des complications nouvelles ; car il se montre toujours préoccupé d'une vague inquiétude. C'est en vain qu'en France le gouvernement ouvre au commerce et à l'industrie la carrière des vastes entreprises et les invite à y entrer. Ils restent sourds à tous les appels et se renferment dans un cercle étroit de petites affaires à courtes échéances. Cette timidité extrême de la spéculation, justifiée jusqu'à un certain point, peut-être, nous paraît cependant très-exagérée. Je crois qu'on peut attribuer cet état de malaise et d'inquiétude au refroidissement qu'on suppose être survenu dans les rapports de la France et de l'Angleterre. L'alliance de ces deux grandes puissances étant, suivant nous, une des conditions essentielles de la paix du monde, une rupture entre elles justifierait, en effet, les plus tristes conjectures. Examinons donc avec attention où en est cette alliance et voyons ce que, sous ce rapport, nous avons à craindre ou à espérer.

Il semble qu'il n'y ait pas même là de point à discuter. La chose, en apparence, n'est pas douteuse, et la rupture est accomplie. Lord John Russell, dans un discours fameux, est venu notifier solennellement à l'Europe ce grand événement. N'en déplaise à lord John, nous continuerons à penser, malgré sa déclaration, que l'alliance anglo-française existe encore. Il est plus facile de notifier au monde la rupture de cette alliance que de l'accomplir. Il y a d'abord un fait à constater, c'est que l'Europe ne s'est point émue du tout de cette grave nouvelle. D'où vient cette indifférence de l'Europe devant un événement si propre à mettre en mouvement tant d'intérêts contraires, qui peut entraîner des conséquences si graves et que la Russie, par exemple, attend depuis trente ans avec une si vive impatience? C'est que l'Europe n'y croit pas; non, malgré la déclaration de lord John Russell, l'Europe ne croit pas à la rupture de l'alliance anglo-française, et l'Europe a raison ; car cette alliance est plus solide que jamais.

L'alliance anglo-française ne dépend pas d'un accès de dépit de tel ou tel ministre ; elle n'est pas un de ces accidents fugitifs de la politique qui peuvent être ou n'être pas, qu'un intérêt passager amène et qu'un autre intérêt fait disparaître. Elle est fondée sur une nécessité suprême, celle de conserver l'équilibre du monde. Ce qui fait la force de cette alliance, ce qui la maintiendra, en dépit des dissidences et des rancunes, c'est la puissance de la Russie, c'est son ambition connue et la nécessité pour la France et l'Angleterre de la contenir dans ses limites. Si, frappées de vertige, ces deux puissances oubliaient un seul jour ce grand intérêt pour renouveler les luttes de leur longue rivalité, c'en serait fait de l'indépendance de l'Europe. La Russie, qui, comme le chasseur à l'affût, guette depuis si longtemps l'occasion favorable, se jetterait dès le lendemain sur l'empire ottoman et s'établirait solidement à Constantinople. Il faudrait alors veiller à l'intégrité de l'Autriche, comme on veille aujourd'hui à celle de la Turquie. Le péril ne serait plus à Constantinople ; il serait à Vienne ; il serait aussi à Berlin. Une fois en possession des Dardanelles, l'ambition de la Russie viserait à s'emparer du Sund. Car si les Dardanelles, suivant une expression célèbre, sont une des clefs de sa maison, le Sund en est une autre. Si jamais elle arrivait à se rendre maîtresse de ces deux points, l'Europe n'aurait plus qu'à se résigner. L'événement entrevu par l'Empereur dans ses méditations de Sainte-Hélène serait accompli, elle serait Cosaque. La Russie, touchant d'une main au Sund et de l'autre aux Dardanelles, pourrait, quand il lui plairait, étouffer l'Europe entre ses bras.

Voilà le danger qui maintiendra, malgré tout, l'alliance

anglo-française. Elle est un fait nécessaire, une condition fatale de la politique actuelle. Elle est indépendante des doctrines des ministères, comme de la nature des gouvernements. Quels que soient les gouvernements en France, quels que soient les ministres en Angleterre, tories, whigs ou radicaux, elle demeurera une des lois fondamentales de leur politique. Il y a donc apparence qu'elle n'aura aucune peine à prévaloir sur les petits dépits de lord John Russell. Elle a triomphé déjà de difficultés bien autrement graves.

Il ne faut pas oublier non plus qu'un grand acte vient de s'accomplir qui a déjà modifié l'esprit public en Angleterre d'une manière considérable et qui est destiné à le modifier bien plus profondément encore à l'avenir. C'est le traité de commerce, œuvre d'une politique aussi sage que profonde.

Il était devenu évident que la guerre d'Italie avait porté moralement atteinte à l'alliance. Bien que l'opinion en Angleterre se soit montrée en général favorable à la politique française en Italie, il n'est que trop certain que les déclamations passionnées de l'oligarchie anglaise avaient fini par faire impression sur le public. Des tendances hostiles à la France se révélaient dans la presse, et il était à craindre que l'aristocratie ne voulût profiter de ces dispositions qu'elle avait si habilement fait naître et qu'elle entretenait avec un soin perfide. La paix, qui propage la richesse et l'instruction parmi les classes populaires, qui éteint leurs passions aveugles et laisse à leur âme le calme nécessaire pour réfléchir et s'éclairer, diminue le prestige moral des aristocraties et, concentrant toute l'activité de l'esprit public sur les abus dont elles jouissent, finit par ruiner leur puissance. La paix est pour les peuples le temps des réformes, le temps révolutionnaire par excellence. On pouvait donc craindre que l'aristocratie anglaise ne fût tentée de saisir l'occasion favorable et d'essayer, en rallumant la guerre entre les deux pays, de reconquérir une partie du terrain que quarante ans de paix lui ont fait perdre. Le traité de commerce a prévenu ce danger. En faisant au peuple anglais une concession si conforme à ses goûts, la France a calmé ses défiances, et, en intéressant les classes industrieuses de la nation à la continuation de la paix, elle a réduit l'aristocratie à l'impuissance d'agir et presque de parler.

Comment, en effet, parler de guerre contre la France à un peuple de commerçants, d'industriels et d'ouvriers à qui le traité de commerce ouvre des perspectives de bénéfices infinies? Ce serait là un moyen sûr de se rendre impopulaire, et l'aristocratie anglaise est bien trop habile pour affronter ce danger. Mais tous ceux qui ont lu avec quelque attention les débats du Parlement anglais sur le traité de commerce ont pu se rendre compte aisément des sentiments qu'il a inspirés à l'aristocratie. Il a bien fallu qu'elle exprimât quelque satisfaction ; le peuple l'écoutait et la manifestation de ses pensées secrètes eût heurté trop violemment l'opinion publique. Mais on peut bien croire que sa joie n'était pas sans mélange. Un dépit amer contre la France et l'Empereur s'y est fait jour plus d'une fois dans les discours de quelques orateurs plus passionnés et moins réservés que les autres. C'est qu'ils avaient très-bien compris que le traité de commerce, si favorable aux intérêts généraux de la nation, est en même temps un coup terrible porté à ceux de l'aristocratie. Le traité de commerce est un bienfait pour le peuple anglais, dont au nom de ce peuple, ils ont bien été obligés de nous remercier. Mais il y a lieu de penser que le sentiment qui prédomine dans leurs âmes n'est pas celui de la reconnaissance.

On doit rendre cette justice à l'aristocratie anglaise, qu'elle a toujours été la plus nationale et la plus populaire de toutes celles de l'Europe. Mais cela n'empêche pas qu'elle n'ait ses intérêts particuliers qui sont souvent opposés à ceux de la nation. L'Angleterre a soutenu, par exemple, plus d'une guerre contre la France qui n'avait d'autre motif que l'intérêt ou les passions de ses classes aristocratiques. Quand l'aristocratie anglaise se sentait menacée dans ses priviléges, elle faisait appel aux passions populaires, toujours faciles à enflammer, et une guerre contre la France fut souvent une diversion heureuse qui la sauva. Le traité de commerce lui dérobe cet expédient plus commode qu'humain. En faisant dépendre tous les grands intérêts du commerce anglais de la paix avec la France, il va rendre cette paix aussi populaire que l'était auparavant la guerre. Aucun ministère ne pourra se former ou se maintenir en Angleterre qu'en faisant de la paix avec la France la base même de sa politique. On a déjà pu voir les effets de ce traité sur les dispositions du public anglais. M. Horsman, le grand ennemi de la France dans la Chambre-des communes, a été désavoué par ses électeurs et, après le discours où lord John Russell est venu apprendre au monde la fin de l'alliance anglo-française, aucun membre du ministère n'a osé se présenter au banquet annuel du Lord Maire. Ces faits sont significatifs ; mais on peut être assuré qu'il s'en produira de plus décisifs encore aux prochaines élections, surtout si elles se font après la réforme électorale qui est en train de s'accomplir en Angleterre.

Cette réforme n'est rien moins qu'une révolution qui, en déplaçant le pouvoir politique, doit amener tôt ou tard la chute de la vieille constitution anglaise. Par cette réforme, la démocratie fait son entrée sur la scène politique, et cette fière aristocratie qui a régné si longtemps pour le malheur du monde voit son pouvoir lui échapper des mains. C'est un événement que doit saluer avec enthousiasme tout véritable ami du genre humain ; mais il devrait surtout, ce semble, être particulièrement bien accueilli en France où dominent les institutions démocratiques, et aussi parce que cette aristocratie ne nous a jamais fait que du mal. Chose singulière ! c'est en France précisément qu'il semble exciter le plus de regrets. Ces regrets partent d'une petite fronde d'écrivains, peu nombreux, mais suppléant au nombre par l'activité et le bruit. Amoureux du parlementarisme, qui les ferait députés ou ministres, ils craignent que la chute de l'aristocratie ne soit un coup funeste porté à leur idole et aux chances que son culte peut offrir à leur ambition.

A parler franchement, il nous semble bien aussi, à nous, que le régime parlementaire, du moins tel qu'il a régné jusqu'à présent, ne peut guère exister sans une forte hiérarchie de classes. Mais si les priviléges d'une aristocratie sont la rançon nécessaire dont il faut payer les bienfaits, quels qu'ils soient, de cette forme de gouvernement, nous avouons qu'elle ne nous fait nulle envie. Nous pensons, en outre, qu'il faut être dépourvu de tout sens politique pour nourrir l'espoir de faire goûter ce régime à la France et à l'Europe. Il faut fermer les yeux pour ne pas voir que l'Europe entière marche d'un pas aussi rapide que sûr vers l'abolition radicale de tous les priviléges de caste, et que l'aspiration générale des peuples est pour la liberté civile bien plus que pour la liberté politique. S'il s'agit de faire un choix entre l'une ou l'autre, nous ne pouvons, en vérité, les blâmer de donner la préférence à la première ; car, tandis que les bienfaits de la liberté politique ne sont jamais que le priviége de quelques-uns, ceux de la liberté civile sont le partage de tout le monde. Humble citoyen que vous aurez commencé par destituer de mon droit de suffrage, que gagnerai-je, je vous prie, à ce qu'une assemblée élective délibère publiquement et fasse les lois, si, pour payer ce grand avantage, je dois être, comme en Angleterre, administré, commandé sur terre et sur mer, jugé, dirigé dans ma foi religieuse par un aristocrate, et si, malgré mes talents, mes vertus, mes services, je dois languir dans un poste obscur et obéir éternellement à quelque idiot illustre?

La liberté politique n'est pour les masses qu'une ombre vaine, une pure illusion ; aussi en ont-elles fait toujours assez bon marché. L'égalité, voilà pour elles la réalité sérieuse, la substance solide. Aussi voyez comme elles s'y attachent d'un amour immense, passionné ! C'est avec ce levier que la Révolution souleva la France entière contre l'Europe. Jamais la liberté politique n'eût enfanté seule les prodiges d'énergie et de dévouement qui signalèrent ces temps héroïques. Nous ne méprisons point la liberté ; mais tâchez de la concilier avec l'égalité ; sinon, vous ne réussirez point à nous convertir.

Quoi qu'il en soit, la nation anglaise est en train de détruire son aristocratie, et le bill de réforme qui se discute en ce moment dans la Chambre des communes n'y contribuera pas médiocrement. On sait que d'après la nouvelle loi tout citoyen qui paye un loyer de 150 fr. sera de droit électeur. C'est, à peu de chose près, le suffrage universel ; c'est l'égalité devant l'urne électorale. De celle-là découleront rapidement toutes les autres. Dans tous les cas, l'aristocratie anglaise va avoir désormais à compter avec cette masse d'électeurs nouveaux que la réforme fait entrer dans le corps électoral, et qui, par leurs bulletins, tiendront son sort entre leurs mains. La réforme modifiera nécessairement la composition de la Chambre des communes et l'équilibre des partis. L'élément aristocratique qui y subsiste encore, malgré la loi de 1832, et qui y exerce même une influence prépondérante, diminuera considérablement par l'effet de la nouvelle loi, pendant que l'élément démocratique, qui y est encore tout à fait subordonné, y prendra en peu de temps la première place. Tout cela ne s'opérera pas sans doute immédiatement; on ne change pas du jour au lendemain les mœurs politiques d'un grand pays. La tradition, les habitudes, le respect des gloires historiques pourront conserver pendant quelque temps un certain ascendant à l'influence aristocratique. Mais il est impossible que la loi actuelle ne la fasse pas peu à peu disparaître et ne finisse pas par remplir presque exclusivement la Chambre des communes de représentants des classes moyennes. Des manufacturiers, des commerçants, voilà les gens que le suffrage, issu de la réforme, enverra désormais à cette Chambre, et à qui, par conséquent, sera dévolu le pouvoir politique en Angleterre.

Or, si l'on réfléchit à l'esprit général des classes moyennes, on comprendra les effets considérables que cette substitution d'une classe à une autre dans le gouvernement de l'Angleterre doit produire sur la politique étrangère de ce grand pays. L'esprit des classes moyennes est essentiellement pacifique, et la raison en est aisée à concevoir. C'est sur elles que retombe presque tout le fardeau de la guerre. Les classes aristocratiques s'en ressentent à peine. La guerre a même un avantage immédiat pour l'aristocratie anglaise. On sait qu'elle possède presque tout le sol; or, la guerre, en Angleterre, a pour premier effet de faire hausser le prix des céréales et, par suite, celui des fermages. De plus, la guerre est pour elle un moyen commode de faire faire une fortune rapide à ses cadets et de se débarrasser sur la nation du soin de les soutenir. Les classes moyennes, au contraire, ont tout à perdre et rien à gagner à la guerre. Elle augmente les impôts et, en gênant le commerce et l'industrie, appauvrit la source de leurs bénéfices. La guerre, qui enrichit quelquefois l'aristocratie, ruine presque toujours les classes moyennes. D'où l'on voit que si l'aristocratie n'a point de raison de répugner à la guerre, que si même elle a souvent lieu de la désirer, la bourgeoisie ne peut jamais vouloir et désirer que la paix.

Cette répugnance des classes moyennes pour la guerre s'est bien vue sous le règne du roi Louis-Philippe. La dignité de notre pays en souffrit plus d'une fois cruellement. La bourgeoisie gouvernait alors la France. Elle avait un roi que la nature semblait avoir créé tout exprès pour elle, tant il exprimait fidèlement ses défauts et ses qualités. Toujours tremblant de s'attirer des affaires, et fidèle, d'ailleurs, à la loi constitutionnelle des majorités, ce roi fit prendre à la France devant les cabinets européens la contenance humble, modeste, embarrassée d'un petit bourgeois que le hasard a poussé dans le salon d'un grand seigneur, qui est honteux de s'y voir et qui est résigné à subir patiemment toutes les impertinences. Dieu sait si le grand seigneur les lui ménagea ! Il eut bien tort, sans doute, et il a eu depuis de nombreuses raisons de s'en repentir. Mais ce n'est pas de cela qu'il s'agit, et je reviens à mon sujet.

On peut être assuré que du moment que le gouvernement de l'Angleterre passera entre les mains des classes moyennes, la paix, la paix partout, je dirai presque la paix à tout prix, deviendra le programme permanent de la politique anglaise. La paix avec la France en sera surtout un des articles essentiels et immuables. Le moyen, en effet, de résoudre des fabricants, des commerçants, des financiers qui retireront de leurs rapports avec nous des bénéfices immenses, le moyen, dis-je, de les résoudre à rompre ces rapports? Le traité de commerce et la réforme électorale anglaise sont donc, comme on le voit, deux grands faits qui concourent au même but, celui d'assurer à jamais les bons rapports de la France et de l'Angleterre, et, par conséquent, la paix du monde. Honneur donc à la pensée généreuse et civilisatrice qui a conçu l'idée de ce traité! Honneur à la main qui l'a signé! Elle sera bénie par les générations futures; car elle a clos l'ère des haines et des guerres, et ouvert la période indéfinie des luttes pacifiques et du progrès.

On peut être surpris que ce traité ait été mal accueilli en France par les amis du régime parlementaire, c'est-à-dire par la majorité de la bourgeoisie. Il est bien vrai qu'il blesse, du moins momentanément, ses intérêts commerciaux; mais, en revanche, il est favorable à ses idées politiques. A la vérité, cela ne lui paraît peut-être pas une compensation suffisante; car, bien que cette classe aime le pouvoir, elle aime encore mieux l'argent. Si le régime parlementaire doit être un jour rétabli en France, et si, par conséquent, la bourgeoisie doit de nouveau arriver au pouvoir, il nous semble que le traité de commerce et la consolidation de la paix entre la France et l'Angleterre, qui en est, comme on a vu, la conséquence nécessaire, doivent préparer l'accomplissement de ce fait politique et en hâter l'avénement.

Le régime parlementaire a eu le malheur de naître et d'être pratiqué en France à une époque où l'Europe entière se défiait de nos idées et de nos principes, leur faisait partout une guerre acharnée et nous menaçait sans cesse d'une coalition. Depuis la grande date de 1789, c'est-à-dire depuis le triomphe en France des principes libéraux et démocratiques, notre pays n'a pas cessé d'être en état de guerre avec l'Europe, guerre morale du moins, sinon toujours active. Bien que ces principes aient fait depuis un glorieux chemin et que la plupart des gouvernements s'en soient approprié une partie importante, l'Europe ne s'est point encore franchement réconciliée avec nous. Elle nous envie, nous craint et nous déteste. L'élément aristocratique, qui exerce encore dans la plupart des États européens une influence considérable, nous a voué une haine éternelle et la grande majorité des souverains, par préjugé d'éducation et par inintelligence de leurs vrais intérêts, conspire avec lui contre nous.

Cet état de guerre sourde, cette menace toujours suspendue d'une coalition européenne a eu deux résultats également funestes au succès du gouvernement parlementaire. Nous avons vu que ce régime donne parmi nous le pouvoir à la bourgeoisie et que cette classe est, par ses instincts et par ses intérêts, essentiellement pacifique. Il est donc arrivé que la bourgeoisie française, pour éviter cette terrible extrémité de la guerre, dut se faire humble et petite, s'humilier devant l'Europe et cacher souvent le drapeau de la France. Cette glorieuse patrie devint méconnaissable ; elle eut l'air de faire amende honorable devant l'Europe, et l'on eût dit qu'elle mettait son principal soin à faire oublier qu'elle existât. De là l'impopularité de ce régime et la désaffection toujours croissante des masses. Le peuple n'entendait rien à l'éloquence badaude et solennelle dont M. Guizot, véritable Joseph Prud'homme de la politique, essayait de couvrir toute cette faiblesse. Mais il comprenait très-bien qu'on faisait mettre la France à genoux, comme un écolier qu'on punit de ses escapades, et c'est là ce qui l'indignait.

Un autre résultat des mauvaises dispositions de l'Europe, également funeste à l'établissement définitif, parmi nous, du régime parlementaire, c'est qu'on n'a pu l'installer que dans les régions officielles, à la surface du pays, pour ainsi dire, et non dans les entrailles mêmes de la société. En effet, comme on était toujours à l'égard de l'Europe dans un état voisin de la guerre, comme on sentait bien que, malgré l'intention la plus arrêtée d'éviter par les concessions les plus humbles tout prétexte de conflit, on pouvait être obligé de se défendre d'un instant à l'autre, il fallut conserver la plus grande partie d'un système inventé tout exprès pour fournir la plus grande force possible à un moment donné, je veux dire, la centralisation la plus puissante qui ait jamais existé depuis l'empire romain. Ainsi, la discussion libre était au sommet de la société et l'obéissance passive au fond. On essayait d'établir le régime parlementaire sans aucune des conditions nécessaires à son existence. On fondait, par la plus étrange inconséquence, un régime de liberté sur les bases du pouvoir absolu.

Une des plus nécessaires conditions du système parlementaire, c'est qu'il repose sur des administrations communales et provinciales suffisamment indépendantes. Sans cette condition essentielle, tout régime parlementaire n'est qu'une parade vaine, à laquelle le peuple ne peut prendre qu'un intérêt de curiosité. Il y a plus, comme tous les pouvoirs auxquels il aura affaire, maires, préfets, sous-préfets, ingénieurs des ponts et chaussées, agents voyers, maîtres d'école et gardes champêtres seront tous nommés par l'autorité centrale, ses mœurs demeureront celles des monarchies absolues. Comment prendrait-il les mœurs, les idées et les sentiments d'un peuple libre, quand vous ne le consultez jamais, quand partout, sous ses yeux, vous agissez comme un pouvoir absolu? Vous mettez la liberté dans les mots; l'autorité absolue, vous la mettez dans les choses. Il ne suffit pas de dire à un peuple qu'il est libre; il faut le faire jouir de la liberté, la lui faire pratiquer, lui faire élire les magistrats et les fonctionnaires auxquels il aura le plus directement affaire. C'est le seul moyen de lui donner le goût et les mœurs d'un régime de liberté. Autrement, ce régime ne sera jamais pour lui qu'une fiction. Il le verra tomber avec la plus profonde indifférence; il y a même apparence qu'il y aidera; car il n'a aucun goût pour ce gouvernement de discours sans fin qu'on appelle le régime parlementaire. L'idéal de son gouvernement, à lui, n'est pas compliqué, et vos trente-cinq années de gouvernement parlementaire n'ont pas changé ses idées. C'est toujours Napoléon, c'est-à-dire un glorieux soldat trônant aux Tuileries et disant un peu son fait à la vieille Europe. Ce qu'il aime, c'est qu'on agisse en parlant peu; or, vous parliez sans cesse et n'agissiez jamais. Dans son rude bon sens, il préfère les belles actions aux belles paroles. Mais ce qui lui répugne le plus, ce sont les vaillants discours suivis d'actions pusillanimes.

On a donc eu une idée aussi malheureuse que singulière quand on a prétendu fonder le régime parlementaire en France, tout en conservant les formes administratives de l'Empire. Mais si les fondateurs de ce régime ont manqué de logique, il convient de les en louer plutôt que de les blâmer. En présence des dispositions malveillantes de l'Europe contre la France, leur patriotisme a reculé sans doute devant la pensée de priver notre pays du vigoureux instrument de la centralisation. C'eût été, en effet, lui dérober sa meilleure arme en face de l'ennemi, et le premier besoin d'un peuple n'est pas de conquérir ou de garder la liberté, mais de conserver son indépendance.

Cette malveillance de l'Europe pour la France, bien qu'elle se soit considérablement affaiblie, dure encore. Nous pouvons toujours, d'un moment à l'autre, être mis en demeure de faire les plus énergiques efforts pour soutenir nos idées et nos principes, et c'est encore aujourd'hui le plus grand obstacle peut-être à l'établissement d'un véritable régime parlementaire dans notre pays. Le traité de commerce avec l'Angleterre, en nous assurant de l'alliance de cette puissance et en la faisant sortir du concert des États qui nous sont hostiles, est donc un fait favorable à l'avénement du régime parlementaire en France. Je n'examine pas ici la question de savoir si cette forme de gouvernement, qui affaiblit la force défensive des États, convient à une nation comme la France, entourée de grandes puissances militaires et toujours au moment d'être obligée de déployer toutes ses forces. On comprend, en effet, qu'indépendamment du génie, des traditions et des habitudes des peuples, l'adoption de tel ou tel système de gouvernement puisse être une question de géographie et de voisinage. Un régime qui peut être excellent pour une nation séparée des autres par les mers peut ne pas convenir du tout à un État continental. Chez un peuple insulaire, la faiblesse du pouvoir central, qui peut avoir des inconvénients, au regard de son influence extérieure, ne compromet du moins jamais son indépendance. Elle peut mettre, au contraire, en danger sérieux l'existence même d'une nation continentale. Mais, je le répète, je ne discute point cette question ; tout ce que je veux dire ici, c'est que le traité de commerce diminue les obstacles qui s'opposent chez nous à l'établissement du gouvernement parlementaire, et qu'en conséquence il y a lieu de s'étonner qu'il ait été mal accueilli par notre bourgeoisie, généralement éprise de ce régime.

C'est une preuve, entre beaucoup d'autres, que cette classe n'est point née pour le gouvernement et qu'elle préférera toujours les intérêts de sa fortune à ceux de son ambition. Elle n'a aucun des caractères auxquels le peuple reconnaît les gens propres à exercer le commandement. Il n'obéit volontiers qu'à ceux qui le dominent, et on ne le domine que par des qualités ou des défauts dont le caractère extraordinaire subjugue son imagination et lui donne le sentiment profond de son infériorité. Ce qu'il aime, c'est le grand ; or, dans la classe bourgeoise, tout est petit, les vertus et les vices. Elle a une petite ambition, une petite morale, une petite philosophie, une petite éloquence, une petite politique. Elle se laisse dominer, comme le peuple lui-même, par mille petits intérêts vulgaires. Ce ne sont point les marques auxquelles se reconnaissent les dompteurs du monstre. Elle lui ressemble trop pour qu'il consente à lui obéir et à la suivre. En quoi la classe bourgeoise diffère-t-elle du peuple, je le demande ? tout au plus par l'instruction et les lumières. Mais l'instruction et les lumières ne suffisent pas pour commander l'obéissance et imposer un durable ascendant. Il faut encore le caractère. Le peuple ne marchande jamais le pouvoir à celui qu'il en croit digne ; il le remit un jour entre les mains de la bourgeoisie ou, pour parler plus exactement, il le lui laissa prendre, car elle s'en empara sans lui demander son aveu ; c'était à la fois plus commode et plus sûr. Mais n'importe, le peuple n'est pas un casuiste, et, si elle avait su se servir du pouvoir, il ne l'aurait pas chicanée sur la manière dont elle l'avait pris. Mais il l'a vue à l'œuvre, il l'a jugée, et il est à craindre que ce ne soit un jugement définitif et sans appel.

Nous avons essayé de démontrer que la réforme électorale en Angleterre et le traité de commerce que nous venons
de conclure avec cette puissance resserraient les liens de notre alliance avec elle et fondaient la paix entre les deux na-
tions sur des bases presque indestructibles. Toutefois, cela
ne veut pas dire que la politique des deux peuples marchera
toujours en parfait accord. Il y a de nombreuses questions
pendantes où leurs intérêts sont différents, sinon absolument
opposés. Voyons à présent si nous avons des inquiétudes bien
sérieuses à concevoir sur cette divergence d'intérêts et sur
l'opposition de politique qui peut en être la conséquence.

Je suis d'abord frappé d'un fait, c'est de l'affaiblissement
considérable de l'influence anglaise en Europe. Ce fait n'est
point la conséquence d'une diminution correspondante de
la puissance de l'Angleterre. Cette grande nation est aussi
forte qu'elle ait amais été. Mais l'opinion que l'Angleterre
doit s'abstenir de prendre part aux querelles des peuples du
continent a acquis depuis quelque temps chez nos voisins
une importance réelle et influe déjà d'une manière sensible
sur la politique étrangère du gouvernement. Les divers ministères qui se sont succédé en Angleterre dans ces derniers
temps se sont montrés très-prodigues de harangues ; mais
leur zèle à parler a encore été surpassé par leur répugnance
à agir. Tous les ministres, les whigs aussi bien que les tories, après avoir prononcé des discours tout enflammés en
apparence de l'esprit le plus belliqueux, ont pris soin aussitôt d'ajouter qu'il n'était pas question d'entraîner leur
pays à la guerre et que la paix était toujours le fond de leur
programme politique. C'était là leur péroraison invariable.
S'il n'avait dépendu que d'eux, il est permis de croire qu'il y
eût eu moins de contradictions entre leurs paroles et leurs
actes et qu'ils n'eussent pas mis moins d'énergie dans leur

conduite que dans leurs discours. On peut croire, par
exemple, que le ministère Derby, dont les dispositions
étaient si favorables à l'Autriche, au début de la guerre d'I-
talie, ne fût pas resté inactif, s'il eût été libre de conformer
sa politique à ses sympathies, et que nous n'en eussions pas
été quittes pour des déclamations malveillantes. Mais la répugnance invincible que la nation anglaise montra pour la
guerre lui lia les mains. Il fut forcé d'apporter dans sa politique extérieure une réserve bien opposée à ses dispositions intimes. La contrainte qu'il s'imposa ne suffit pas
encore à rassurer la nation, et pour être plus certaine que
ce ministère ne compromettrait pas les intérêts de la paix,
elle le renversa du pouvoir. Cet éloignement du peuple anglais pour la guerre n'a rien en soi que d'honorable ; car s'il
est dû en partie, comme nous l'avons expliqué, à la prépondérance toujours plus grande en Angleterre des intérêts égoïs-
tes et commerciaux de la classe bourgeoise, en partie aussi
il prend sa source dans un sentiment plus élevé, le respect
de la vie de l'homme et l'horreur qu'inspirent à la nation
les immenses holocaustes de victimes humaines qu'accom-
plit la guerre. Mais ces dispositions pacifiques de la nation
anglaise, en imposant à son gouvernement une politique
pleine de réserve, diminuent aux yeux des gouvernements
étrangers le prix de son alliance et affaiblissent son influence
extérieure.

Il faut considérer aussi que le concours de l'Angleterre
est toujours tardif, et qu'avec la manière prompte et expé-
ditive dont se mène aujourd'hui la guerre, il peut devenir
tout à fait inefficace. Protégée par les mers contre une in-
vasion étrangère, elle n'a pas besoin d'une grande puissance militaire et, jalouse de ses institutions politiques, elle
s'en défie avec raison comme d'un danger permanent pour

la liberté. Elle n'entretient donc chez elle qu'une armée in-
signifiante, du moins si on la compare à celle des grands
États militaires de l'Europe. Le système des enrôlements
volontaires rend le recrutement long et difficile. On sait
qu'il faut à l'Angleterre trois ans pour se préparer à la
guerre. Ce n'est qu'au bout de ce temps qu'elle peut prêter
à ses alliés une assistance sérieuse. Mais, au point où en
est arrivé aujourd'hui l'art militaire, il est rare qu'une
guerre dure trois ans. La puissance alliée de l'Angleterre
supportera donc à peu près seule tout l'effort de la lutte ;
elle triomphera ou sera forcée à la paix avant que l'Angleterre ait pu lui prêter aucun appui sérieux. Cela s'est bien
vu sous le premier Empire, et l'Autriche et la Prusse en
ont fait souvent à cette époque l'expérience à leurs dépens.
Cela s'est vu encore depuis, par exemple, en Crimée, où
la France commença et finit la guerre presque seule. Il est
vraisemblable que ces leçons n'ont pas été perdues pour
les gouvernements et qu'ils savent à quoi s'en tenir sur l'ef-
ficacité de l'alliance anglaise.

Lord John Russell, dans ce fameux discours qui était
comme la confession publique de ses fautes, quoiqu'il ne
se distinguât pas par l'humilité, est venu nous déclarer que
l'Angleterre, trompée dans sa confiance envers la France,
allait s'occuper de chercher d'autres alliés. L'Autriche ne
pouvant plus servir à rien et la Russie faisant assez peu de
cas de l'alliance anglaise, c'est sur la Prusse que lord John
Russell paraît vouloir reporter les sentiments d'affection
pure auxquels la France, dans son ingratitude, a si mal ré-
pondu. Mais il pourrait bien arriver que le sensible lord
John éprouvât encore de ce côté de nouvelles déceptions.

Ce n'est pas que la Prusse ne soit disposée à prêter une
oreille attentive aux idées d'agrandissement qu'il pourra

lui suggérer. La Prusse est une Ève qui n'a jamais su résister au tentateur. Elle n'est pas pure de tout projet ambitieux sur l'Allemagne, et il est probable qu'elle prendrait sans répugnance l'occasion de se venger de la façon hautaine dont le prince Schwartzenberg l'a traitée en 1849 et des humiliations douloureuses que l'Autriche lui fit subir à cette époque. La Prusse a la taille beaucoup trop mince et quelques annexions qui l'arrondiraient convenablement et lui donneraient une tournure mieux en rapport avec ses prétentions à la dignité de grande puissance ne lui déplairaient pas, j'imagine. Elle trouverait là deux avantages : son bien d'abord, et puis le mal de l'Autriche. Mais, avant de s'embarquer dans une pareille entreprise, la Prusse réfléchira sans doute mûrement aux chances diverses qu'elle peut présenter. Elle n'ignore pas qu'une politique d'agrandissement et de conquête en Allemagne ne serait du goût ni de la France ni de la Russie. Je ne parle pas de l'Autriche qui, plutôt que de laisser réussir les projets de sa rivale, épuiserait ses dernières ressources, dépenserait son dernier homme et son dernier écu. Une entreprise de la Prusse sur l'Allemagne n'est pas, comme on voit, d'une exécution facile. Elle aurait contre elle l'intérêt manifeste de trois grandes puissances, toutes les trois ses voisines et toutes les trois capables, séparément, d'inspirer à la Prusse de sérieuses inquiétudes sur la réussite de ses desseins. Il est au moins douteux que l'alliance de l'Angleterre la rassurât contre les éventualités d'une politique d'agrandissement.

Toutefois, on ne peut s'empêcher de voir que la Prusse aspire à prendre en Allemagne le rôle que le Piémont a si bien joué en Italie. Les lauriers de M. de Cavour causent des insomnies à M. de Schleinitz. Nous soupçonnons lord John Russell de n'être point étranger à tout le mouvement que se donne le cabinet prussien, ni aux encouragements qu'il prodigue du haut de la tribune aux partisans de l'unité allemande. Mais que lord John y réfléchisse : il pourrait bien arriver encore une fois qu'il semât pour un autre. L'histoire du Piémont, que le gouvernement prussien paraît avoir profondément méditée, contient des leçons et des exemples perfides pour lord John Russell. Avec le système d'équilibre tel qu'il a été constitué par les traités, l'intérêt de la France est de s'opposer à une extension territoriale de la Prusse. Mais si la Prusse, à l'exemple du Piémont, consentait à donner à la France des garanties, rien ne s'opposerait à ce que la France approuvât l'agrandissement de la Prusse et même y contribuât. Si les choses se passaient ainsi, que dirait lord John Russell ? Ce serait là pour lui une bien autre mésaventure que celle de l'annexion de la Savoie. Je ne sais ce qu'en pense la Prusse ; mais si j'étais à sa place, que je voulusse m'agrandir et que j'eusse à opter entre le concours de l'Angleterre et celui de la France, mon choix ne serait ni long ni difficile.

L'Angleterre a exercé pendant longtemps une sorte de prépondérance en Europe. Elle la devait à des causes de nature diverse ; mais cette prépondérance n'était point fondée sur une réelle supériorité de force. La Russie, l'Autriche, la France elle-même, malgré les désastres de 1814 et de 1815, pouvaient jeter un poids plus décisif dans la balance où se pèsent les intérêts européens. Le rôle que l'Angleterre avait joué dans la coalition, la part considérable qu'elle avait prise à la chute de l'Empire, la constance qu'elle avait apportée dans sa résistance à la France, enfin le spectacle d'une prospérité matérielle inouïe avaient frappé les esprits en Europe et donné de sa puissance une idée sans proportion avec la réalité. Le même phénomène, produit par des causes analogues, eut lieu en faveur de la Russie, dont la force, démesurément grossie par l'imagination publique, parut longtemps irrésistible. L'esprit des peuples et celui des gouvernements ont été comme opprimés pendant vingt-cinq ans par le spectre de la puissance russe. Il a fallu qu'un homme vînt qui, profondément instruit des ressources et de la force respective des États de l'Europe, doué d'ailleurs d'un cœur ferme, rehaussé encore par le sentiment profond des devoirs attachés à l'héritage du plus grand nom de l'histoire, marchât résolûment au devant du fantôme : aussitôt le prestige s'est évanoui, la Russie est redescendue à sa place naturelle et l'Europe a respiré.

Il faut aussi que l'Angleterre redescende à la sienne ; car elle n'a aucun droit réel à celle que l'imagination publique lui a donnée et que la faiblesse des gouvernements lui a laissé prendre. Un concours inouï de circonstances lui a permis de jouer, au début du siècle, un rôle considérable dans les affaires de l'Europe. Mais c'est bien moins par ses propres forces que par celles des autres puissances qu'elle a pu influer sur les événements de cette époque fameuse. Réduite à ses seules ressources, qu'eût-elle pu faire ? Eh bien ! voilà précisément où elle en est aujourd'hui : elle ne peut s'appuyer que sur elle-même. La coalition est dissoute et le vieil esprit qui l'animait et qui pourrait seul en rassembler encore les éléments, a fait place à un esprit tout nouveau. Ce vieil esprit n'existe plus qu'à Rome et à Naples, et encore l'on sait la figure qu'il y fait. Assurément, il n'a pas l'air de vouloir aller en guerre pour conquérir le monde. Il ne demande qu'une chose, c'est qu'on le laisse vivre. Le duc de Modène, à la vérité, avait une ambition plus haute ; il voulait conquérir et partager la France. Mais l'ingrate fortune, qui ne mesure pas toujours les destinées à la grandeur du courage, l'a trahi, et il ira, comme on sait, passer le carnaval à Venise. Il y a même quelque apparence que le roi de Naples ira lui tenir compagnie.

Ces vieux principes de droit divin et de pouvoir absolu n'existant plus, on ne voit pas quels ressorts l'Angleterre pourrait aujourd'hui mettre en jeu pour exciter contre la France une coalition nouvelle. La France seule, en éveillant par une ambition excessive et des prétentions exagérées les défiances et les craintes des autres puissances, pourrait leur donner l'envie de se coaliser contre elle. Mais la France est satisfaite de la grandeur que la nature et les destins lui ont faite. Tant que les bases de l'équilibre européen ne seront point changées, elle n'aura ni envie ni besoin de s'agrandir. Il lui suffira d'exercer dans le monde l'influence à laquelle lui donnent droit et sa puissance et ses traditions historiques et le génie intellectuel et martial de ses habitants. Ce rôle est encore assez glorieux pour contenter son ambition.

L'Angleterre n'a plus en Europe que la Prusse sur laquelle elle puisse s'appuyer. J'emploie ce terme à dessein, quelque blessant qu'il puisse paraître à la fierté anglaise. L'Angleterre, en effet, n'a jamais joué de rôle considérable en Europe qu'en s'appuyant sur quelque puissance continentale. Elle a livré ses batailles avec les soldats de l'Autriche, de la Prusse, de la Russie, quelquefois avec les armées coalisées de toutes ces puissances ensemble. Jamais elle n'a paru seule sur le terrain. Mais la Prusse n'est pas assez puissante pour que son alliance suffise à l'Angleterre, et la Prusse elle-même n'est pas assez folle pour tenter quelque entreprise importante avec le seul appui de l'alliance anglaise. Avec la Prusse pour alliée, l'Angleterre ne pourrait rien faire de sérieux ni dans la paix ni dans la guerre. Elle serait réduite à l'impuissance.

Il résulte de tout ce qui précède que la prépondérance tout artificielle dont l'Angleterre a joui pendant longtemps doit cesser avec le prestige qui l'a longtemps entretenue. C'est un mauvais moment pour elle à passer ; mais rien n'empêche qu'on ne lui en adoucisse l'amertume, et c'est, ce me semble, ce que fait le gouvernement français avec beaucoup de ménagement et de délicatesse. Il faut que l'Angleterre se résigne, quoi qu'il en puisse coûter à son orgueil, à traiter avec la France sur un pied de parfaite égalité. Qu'elle s'y résigne ou non, d'ailleurs, il importe peu ; elle doit comprendre qu'il n'en serait ni plus ni moins. Les façons hautaines qui sont dans ses habitudes, et dont lord John Russell nous a donné récemment un assez curieux échantillon dans ses dépêches au cabinet de Madrid, sur la guerre du Maroc n'y feraient absolument rien. Elles ne serviraient qu'à rendre l'Angleterre ridicule.

L'Angleterre a besoin de la France, tandis que la France peut se passer de l'Angleterre. La France, en fait d'alliance, n'a que l'embarras du choix. Elle peut, au besoin, s'entendre avec la Russie, qui lui tend la main depuis si longtemps, et régler, de concert avec elle, toutes les grandes questions pendantes. La Russie a du moins un mérite qu'il faut lui reconnaître, c'est d'être courtoise et gracieuse avec ses alliés.

La Fontaine raconte dans ses fables qu'il y eut jadis un traité d'alliance entre l'homme et le cheval, qui voulait se venger du cerf. Le cheval n'avait dans le traité ni la part la plus belle, ni la plus honorable, car il devait porter l'homme. La France a fait longtemps l'office du cheval dans son alliance avec l'Angleterre. Elle l'a longtemps portée.

Je ne dirai pas que l'Angleterre doit à son tour porter la France, bien qu'après tout cet échange de rôles pût paraître naturel et équitable. La France ne demande qu'une chose, c'est de ne rien porter que son propre bagage et de marcher côte à côte avec l'Angleterre ; mais elle tient à cela et elle est déterminée à l'obtenir.

FIN.

www.ingramcontent.com/pod-product-compliance
Lightning Source LLC
Chambersburg PA
CBHW061726060726
47597CB00006B/2593